Ceto Vegeta

CU00842214

Recetas

Recetas económicas para sanar su
cuerpo y perder peso

TANIA TORRES GOMEZ

ÍNDICE DE CONTENIDOS

INTRODUCCIÓN

Probablemente te estés preguntando por qué deberías conocer un libro de cocina cetogénica vegetariana en primer lugar. Bueno, la respuesta corta es que es fácil (¡y sabroso!) decir no a la carne y los lácteos.

Ha llegado el momento para aquellos que tienen algunos problemas éticos con la dieta occidental estándar, ya sea porque quieres desesperadamente más verduras en tu vida o simplemente eres un vegetariano o vegano preocupado por los posibles efectos en la salud de una dieta con mucha grasa animal. Este libro ha sido diseñado para satisfacer sus necesidades nutricionales y, al mismo tiempo, para ofrecerle un montón de alimentos deliciosos que harán las delicias de cualquier paladar.

Si buscas más de la misma comida saludable sin renunciar a la proteína animal, este libro de recetas es perfecto para ti. Como vegetariano, no tienes que renunciar a la carne por completo y, de hecho, es muy fácil añadirla. Yo diría que la mayoría de las recetas que siguen son aproximadamente un 50% vegetarianas (el resto son veganas).

Y aunque la mayoría de las comidas cetogénicas sin carne son altas en carbohidratos, este libro de cocina le ayuda a mantener su consumo de carbohidratos bajo. La cantidad de proteína que se obtiene depende de la cantidad de grasa y verduras bajas en carbohidratos que se coman.

El libro está diseñado para ser inicialmente accesible al usuario medio, y en ningún momento le resultará difícil de seguir. Comienza con un análisis de muchas de las preocupaciones más comunes que tienen los veganos y los vegetarianos: proteínas, grasas y carbohidratos (hidratos de carbono). El objetivo es permitir que cualquier persona que se sienta cómoda siguiendo una dieta que refleje este análisis tenga una visión completa de cómo se abordan esas preocupaciones siguiendo este Libro de Cocina Keto vegano.

Este libro fue escrito pensando en los vegetarianos y veganos, pero aquellos que no son vegetarianos/veganos pueden encontrar este libro igual de útil. Esto se debe a que hay un montón de recetas que contienen productos animales como la mantequilla, la nata y los huevos y que siguen teniendo un gran sabor. Todas mis recetas son sin gluten.

Las dietas de reducción de peso se dividen en dos categorías: 1) dietas bajas en carbohidratos (ceto), y 2) dietas bajas en grasas. La dieta ceto es diferente de las dietas bajas en carbohidratos en el sentido de que limita los carbohidratos a aquellos que pueden ser convertidos en energía. Cuando el cuerpo se queda sin azúcar, entra en cetosis y comienza a quemar grasa.

En la página de la Dieta Cetogénica, puede aprender más sobre la cetosis.

Este libro da un giro vegetariano/vegano a muchas de las recetas más comunes, pero utiliza mantequilla y nata espesa, así como otros productos animales para algunos platos como la lasaña y la quiche. La intención es cubrir todos los aspectos de la alimentación vegetariana/vegana, incluyendo las fuentes de proteínas veganas y la realización de sustituciones cuando sea necesario.

Saber qué se puede preparar es el aspecto más crítico para convertirse en un cocinero competente. No es necesario ser un gran chef para hacer comida deliciosa, pero sí hay que saber qué cosas combinan bien. Ahí es donde entramos nosotros.

RECETAS PARA EL DESAYUNO

1. Cazuela de arroz con coliflor dulce

Tiempo de preparación: 10 minutos

Tiempo de cocción: 1 hora

Porciones: 8

Ingredientes:

- 1 y ½ tazas de moras
- 1 taza de crema de coco
- 1 cucharada de canela en polvo
- 2 cucharaditas de extracto de vainilla
- 1 cucharadita de jengibre molido
- 1 taza de arroz de coliflor
- ¼ de taza de nueces picadas
- 2 tazas de leche de almendras

Direcciones:

1. En un recipiente para hornear, combine el arroz de coliflor con las bayas, la crema y los demás ingredientes, mezcle y hornee a 350 grados F durante 1 hora.
2. Dividir la mezcla en cuencos y servir para el desayuno.

Nutrición: calorías 213, grasa 4,1, fibra 4, carbohidratos 41, proteínas 4,5

2. Tazones picantes

Tiempo de preparación: 10 minutos

Tiempo de cocción: 15 minutos

Porciones: 4

Ingredientes:

- 1 taza de espinacas tiernas
- ½ taza de tomates cherry, cortados por la mitad
- ¼ de cucharadita de cardamomo molido
- 1 cucharadita de cúrcuma en polvo
- 1 cucharada de aceite de oliva
- Una pizca de sal y pimienta negra
- ½ taza de crema de coco
- ½ taza de aceitunas verdes, deshuesadas y cortadas por la mitad
- ½ taza de pepinos, en rodajas
- 1 cucharada de perejil picado

Direcciones:

1. Calentar una sartén con el aceite a fuego medio, añadir las aceitunas y los tomates, remover y cocinar durante 5 minutos.
2. Añadir las espinacas y los demás ingredientes, mezclar, cocinar a fuego medio durante 10 minutos, repartir en cuencos y servir.

Nutrición: calorías 116, grasa 11,3, fibra 1,6, carbohidratos 4,2, proteínas 1,3

3. Tortitas de calabaza Keto

Tiempo de preparación: 10 minutos

Tiempo de cocción: 6 minutos

Porciones: 8

Ingredientes:

- 2 cucharadas de mantequilla
- 1 cucharadita de especia de calabaza
- 1 cucharadita de polvo de hornear
- 2 huevos grandes
- ¼ de taza de crema agria
- 1 taza de harina de almendra
- ¼ de taza de puré de calabaza
- 1/4 de cucharadita de sal

Direcciones:

1. Primero, en un cuenco, mezcle los huevos, la crema agria y la mantequilla. En otro bol, combina la sal, la harina de almendras, las especias y la levadura en polvo. Añade poco a poco los ingredientes húmedos a los secos, sin dejar de remover para que se mezclen. De este modo, obtendrá una masa dulce y suave. Caliente a fuego medio una sartén de hierro fundido y engrásela con mantequilla. Vierta aproximadamente 1/3 de la mezcla en la sartén. Cuando empiecen a formarse burbujas en la parte superior de la masa, deje que se cocine durante un minuto más y déle la vuelta. Cocine por el otro lado durante un minuto más o menos. Repite los dos últimos pasos hasta que la masa esté

lista. Sirve tus tortitas de calabaza keto con tus ingredientes favoritos.

Valores nutricionales (por ración): Calorías: 150, Grasa: 11 g, Carbohidratos: 1,5 g, Proteínas: 5,5 g

4. Huevos revueltos con cheddar y espinacas

Tiempo de preparación: 8 minutos

Tiempo de cocción: 10 minutos

Porciones: 1

Ingredientes:

- 1 cucharada de crema de leche
- 1 cucharada de aceite de oliva
- 1 pizca de sal marina y pimienta
- 4 huevos grandes
- ½ taza de queso cheddar rallado
- 4 tazas de espinacas picadas

Direcciones:

1. Rompa los huevos en el tazón, junto con la crema de leche, la sal y la pimienta. Mezclar. Calentar una sartén grande a fuego medio-alto, añadiendo aceite de oliva. Cuando esté caliente, añadir las espinacas y dejar que chisporroteen y se marchiten añadiendo un poco de sal y pimienta. Cuando las espinacas estén totalmente cocidas, reducir el fuego a medio-bajo y añadir la mezcla de huevos. Remueve los huevos lentamente y cocínalos. Cuando los huevos se hayan cuajado, añade el queso por encima y deja que se derrita.

Valores nutricionales (por ración): Calorías: 700, Grasa: 55 g, Carbohidratos: 7 g, Proteínas: 42 g

5. Gofre/Panecillo de canela

Tiempo de preparación: 5 minutos

Tiempo de cocción: 6 minutos

Porciones: 1

Ingredientes:

Waffle:

- ½ cucharadita de extracto de vainilla
- ½ cucharadita de canela
- ¼ de cucharadita de bicarbonato de sodio
- 2 huevos grandes
- 1 cucharada de eritritol
- 6 cucharadas de harina de almendra

El glaseado:

- 2 cucharaditas de masa de gofres
- 2 cucharadas de queso crema
- 1 cucharada de crema de leche
- ¼ de cucharadita de canela
- 1 cucharada de eritritol
- ¼ de cucharadita de extracto de vainilla

Direcciones:

1. Añada todos los ingredientes secos de los gofres en un bol para mezclar. En otro bol, mezcle los ingredientes húmedos. Asegúrese de que están bien combinados. Añada los ingredientes húmedos a los secos y mézclelos bien. Caliente la gofrera. Cuando la gofrera esté caliente, añada la masa. Recuerda reservar 2

cucharaditas de la masa de los gofres para el glaseado. Mientras el gofre se está cocinando, añade el queso crema y el eritritol en un bol pequeño. Añade ahora la nata líquida, la canela y la masa. Mezcla hasta que quede suave. Una vez que el gofre haya terminado de cocinarse, retíralo de la plancha, colócalo en el plato y extiende el glaseado por encima. Que lo disfrutes!

Valores nutricionales (por ración): Calorías: 545 Grasas: 52 g Carbohidratos: 6 g Proteínas: 25 g

RECETAS PARA EL ALMUERZO

6. Char Siu de verduras

Tiempo de preparación: 5 minutos

Tiempo de cocción: 15 minutos

Porciones: 4

Ingredientes:

- 100 gramos de jaca cruda, sin pepitas y enjuagada
- 100 gramos de pepinos, cortados en tiras finas
- 50 gramos de pimiento rojo, cortado en tiras finas
- 2 dientes de ajo picados - 1 chalota picada
- ¼ de taza de salsa Char Siu - ¼ de taza de agua - 2 cucharadas de aceite de cacahuete

Direcciones:

1. Calentar el aceite de cacahuete en una sartén.
2. Añada el jackfruit y revuelva hasta que esté ligeramente dorado.
3. Añadir el ajo y las chalotas y saltear hasta que estén aromáticos.
4. Añadir agua y salsa char siu. Cocer a fuego lento hasta que la fruta esté tierna.

5. Desmenuzar el jackfruit con un tenedor.
6. Añada los pepinos y los pimientos.

Nutrición: Kcal por ración: 100 / Grasas: 7 g. (62%) / Proteínas: 1 g. (3%) / Carbohidratos: 9 g. (34%)

7. Chorizo de soja

Tiempo de preparación: 5 minutos

Tiempo de cocción: 15 minutos

Porciones: 6

Ingredientes:

- 500 gramos de tofu firme, prensado y escurrido - ¼ de taza de salsa de soja
- ¼ de taza de vinagre de vino tinto - ¼ de taza de pasta de tomate
- 1 cucharadita de pimentón - 1 cucharadita de chile en polvo
- 1 cucharadita de ajo en polvo - ½ cucharadita de cebolla en polvo
- 1 cucharadita de comino en polvo - ½ cucharadita de pimienta negra
- ½ cucharadita de sal - ¼ de taza de aceite de oliva

Direcciones:

1. Desmenuzar el tofu en un bol. Mezclar todos los ingredientes excepto el aceite de oliva.
2. Calentar el aceite de oliva en una sartén antiadherente.
3. Añadir la mezcla de tofu y remover durante 10-15 minutos.
4. Servir en tacos, wraps, burritos o cuencos de arroz.

Nutrición: Kcal por ración: 249 / Grasas: 18 g. (65%) / Proteínas: 14 g. (21%) / Carbohidratos: 9 g. (15%)

8. Ensalada vietnamita de fideos

Tiempo de preparación: 5 minutos

Tiempo de cocción: 10 minutos

Porciones: 4

Ingredientes:

- 100 gramos de zanahoria, cortada en tiras finas
- 200 gramos de pepinos en espiral
- 2 cucharadas de cacahuetes tostados, picados
- ¼ de taza de menta fresca picada
- ¼ de taza de cilantro fresco, picado
- 1 cucharada de estevia - 2 cucharadas de zumo de lima fresco
- 1 cucharada de salsa de pescado vegana - 2 dientes de ajo picados
- 1 chile verde sin semillas y picado - 2 cucharadas de aceite de sésamo

Direcciones:

1. Bata el azúcar, el zumo de lima, el aceite de sésamo, la salsa de pescado, el ajo picado y el chile picado. Reservar.
2. En un bol, mezcle los pepinos, las zanahorias, los pepinos, los cacahuetes, la menta, el cilantro y el aderezo preparado.
3. Servir frío.

Nutrición: Kcal por ración: 249 / Grasas: 11 g. (65%) / Proteínas: 5 g. (14%) / Carbohidratos: 8 g. (22%)

9. Soba de setas Enoki y guisantes

Tiempo de preparación: 5 minutos

Tiempo de cocción: 5 minutos

Raciones: 2

Ingredientes:

- 75 gramos de guisantes blancos - 100 gramos de setas Shimeji
- 2 cucharaditas de jengibre picado - ¼ de taza de mirin
- 3 cucharadas de salsa de soja ligera - 1 cucharadita de eritritol
- 1 cucharada de aceite de sésamo - 1 cucharada de aceite vegetal

Direcciones:

1. Caliente el aceite vegetal en un wok. Saltear el jengibre hasta que esté aromático.
2. Añade los guisantes y saltéalos durante 1-2 minutos.
3. Añade las setas shimeji y remueve durante un minuto más.
4. Añada el mirin, la salsa de soja y el eritritol.
5. Apagar el fuego y rociar con aceite de sésamo.

Nutrición: Kcal por ración: 167 / Grasas: 14 g. (73%) / Proteínas: 4 g. (8%) / Carbohidratos: 8 g. (19%)

10. Tofu Kung Pao

Tiempo de preparación: 5 minutos

Tiempo de cocción: 10 minutos

Porciones: 3

Ingredientes:

- 250 gramos de tofu firme, cortado en cubos de una pulgada
- ¼ de taza de aceite vegetal, para freír
- 1 cucharadita de jengibre picado - 1 cucharadita de ajo picado
- 1 pimiento rojo, cortado en tiras
- 2 tallos de cebollas verdes, en rodajas
- 1 cucharadita de copos de chile - 2 cucharadas de cacahuetes tostados
- 1 cucharadita de maicena - 1 cucharadita de pasta de tomate
- 1 cucharada de salsa de soja - 1 cucharada de salsa hoisin
- 1 cucharadita de eritritol - ½ taza de agua -1 cucharadita de aceite de sésamo

Direcciones:

1. Calentar aceite vegetal en una sartén. Freír el tofu hasta que se dore por todos los lados. Escurrir en papel de cocina.
2. En un bol, mezcle el agua, la maicena, la pasta de tomate, la salsa hoisin, la salsa de soja y el azúcar.
3. En un wok, calentar 1 cucharada de aceite vegetal.

4. Saltee el jengibre, el ajo, las cebollas verdes, las hojuelas de chile y el pimiento morrón hasta que estén aromáticos.
5. Incorpore la mezcla de la salsa y cocine a fuego lento hasta que espese.
6. Añada el tofu frito y déjelo cocer a fuego lento.
7. Retirar del fuego y rociar con aceite de sésamo.

Nutrición: Kcal por ración: 268 / Grasas: 21 g. (66%) / Proteínas: 15 g. (20%) / Carbohidratos: 9 g. (13%)

RECETAS PARA LA CENA

11. Pan de verduras y garbanzos

Tiempo de preparación: 10 minutos

Tiempo de cocción: 15 minutos

Porciones: 4

Ingredientes:

- 1 cucharadita de sal
- .5 cucharadita de salvia seca
- 1 cucharadita de ajedrea seca
- 1 cucharada de salsa de soja
- .25 taza de perejil
- .5 taza de pan rallado
- .75 taza de avena
- .75 taza de harina de garbanzos
- 1,5 taza de garbanzos cocidos
- 2 dientes de ajo picados
- 1 Cebolla amarilla picada
- 1 zanahoria rallada
- 1 patata blanca rallada

Direcciones:

1. Poner el horno a 350F. Saca un molde para pan y luego engrásalo.
2. Exprime el líquido de la patata y añádelo al procesador de alimentos con el ajo, la cebolla y la zanahoria.
3. Añadir los garbanzos y pulsar para mezclar bien. Añade aquí el resto de los ingredientes y, cuando esté hecho, utiliza las manos para formar un pan y añádelo a la sartén.
4. Mételo en el horno para hornearlo un poco hasta que esté bien firme. Dejar que se enfríe y luego cortar en rodajas.

Nutrición: Calorías: 351 kcal Proteínas: 16,86 g Grasas: 6,51 g Hidratos de carbono: 64 g

12. Cuscús de tomillo y limón

Tiempo de preparación: 5 minutos

Tiempo de cocción: 10 minutos

Porciones: 6

Ingredientes:

- .25 taza de perejil picado
- 1,5 taza de cuscús
- 2 cucharadas de tomillo picado
- Jugo y cáscara de un limón
- 2,75 taza de caldo de verduras

Direcciones:

1. Saca una olla y añade el tomillo, el zumo de limón y el caldo de verduras. Añade el cuscús después de que llegue a hervir y retira del fuego.
2. Dejar reposar tapado hasta que pueda absorber todo el líquido. A continuación, esponjar con una forma.
3. Añada el perejil y la ralladura de limón y sirva caliente.

Nutrición: Calorías: 922 kcal Proteínas: 2,7 g Grasas: 101,04 g Carbohidratos: 10.02 g

13. Okra y tomate al horno

Tiempo de preparación: 10 minutos

Tiempo de cocción: 75 minutos

Porciones: 6

Ingredientes:

- ½ taza de habas congeladas
- 4 tomates picados
- 8 onzas de quimbombó, fresco y lavado, sin tallo, cortado en rodajas de ½ pulgada de grosor
- 1 cebolla, cortada en aros
- ½ pimiento dulce, sin semillas y cortado en rodajas finas
- Una pizca de pimienta roja triturada
- Sal al gusto

Direcciones:

1. Precaliente su horno a 350 grados Fahrenheit
2. Cocer las habas en el agua correspondiente y escurrirlas, coger una cazuela de 2 cuartos
3. Añada todos los ingredientes de la lista a la fuente y cubra con papel de aluminio, hornee durante 45 minutos
4. Destapar la fuente, remover bien y hornear durante 35 minutos más
5. Revuelve y sirve, ¡y disfruta!

Nutrición: Calorías: 55 Grasas: 0g Carbohidratos: 12g Proteínas: 3g

14. Manzana al curry

Tiempo de preparación: 10 minutos

Tiempo de cocción: 90 minutos

Porciones: 4

Ingredientes:

- 1 cucharada de zumo de limón fresco
- ½ taza de agua
- 2 manzanas, Fuji o Honeycrisp, sin corazón y cortadas en aros finos
- 1 cucharadita de curry en polvo

Direcciones:

1. Poner el horno a 200F, coger una bandeja para hornear con borde y forrarla con papel pergamino
2. Coge un bol y mezcla el zumo de limón y el agua, añade las manzanas y remójalas durante 2 minutos
3. Sécalas y colócalas en una sola capa en la bandeja del horno, espolvorea el polvo de curry sobre las rodajas de manzana
4. Hornee durante 45 minutos. Después de 45 minutos, dar la vuelta a las manzanas y hornear durante 45 minutos más
5. Deje que se enfríen para que queden más crujientes, sirva y disfrute.

Nutrición: Calorías: 240 Grasas: 13g Carbohidratos: 20g Proteínas: 6g

15. Croquetas de arroz salvaje y mijo

Tiempo de preparación: 5 minutos

Tiempo de cocción: 20 minutos

Porciones: 4

Ingredientes:

- ¾ mijo cocido
- ½ taza de arroz salvaje cocido
- 3 cucharadas de aceite de oliva virgen extra
- ¼ de taza de cebolla picada
- 1 costilla de apio, finamente picada
- ¼ de taza de zanahoria rallada
- 1/3 de taza de harina común
- ¼ de taza de perejil fresco picado
- 2 cucharaditas de hierba de eneldo seca
- Sal y pimienta al gusto

Direcciones:

1. Añade el mijo cocido y el arroz salvaje a un cuenco de gran tamaño, manteniéndolo a un lado
2. Coge una sartén mediana y añade 1 cucharada de aceite, ponla a fuego medio
3. Ponga la cebolla, el apio y la zanahoria y cocine durante al menos 5 minutos
4. Añada las verduras y añada la harina, el perejil, la sal, la pimienta y el eneldo.
5. Mezclar bien y transferir a la nevera, dejar reposar durante 20 minutos

6. Utiliza las manos para dar forma a la mezcla en pequeñas hamburguesas, coge una sartén grande y ponla a fuego medio
7. Añade 2 cucharadas de aceite y deja que se caliente
8. Añadir las croquetas y cocinar durante 8 minutos en total hasta que se doren
9. Sirve y disfruta.

Nutrición: Calorías: 250 Grasas: 9g Carbohidratos: 33g Proteínas: 9g

RECETAS PARA VEGANOS Y VERDURAS

16. Mezcla de zanahorias y lima

Tiempo de preparación: 10 minutos

Tiempo de cocción: 30 minutos

Porciones: 6

Ingredientes:

- 1 y ¼ libras de zanahorias pequeñas
- 3 cucharadas de ghee derretido
- 8 dientes de ajo picados
- Una pizca de sal marina
- Pimienta negra al gusto
- Cáscara de 2 limas, rallada
- ½ cucharadita de chile en polvo

Direcciones:

1. En un bol, mezclar las zanahorias baby con el ghee, el ajo, una pizca de sal, pimienta negra al gusto, chile en polvo y remover bien.

2. Extienda las zanahorias en una bandeja para hornear forrada, colóquelas en el horno a 400 grados F y áselas durante 15 minutos.
3. Sacar las zanahorias del horno, sacudir la bandeja de hornear, colocarlas de nuevo en el horno y asarlas durante 15 minutos más.
4. Repartir en los platos y servir con lima por encima.
5. Que lo disfrutes.

Valor nutricional/porción: calorías 95, grasa 6,6, fibra 2,9, carbohidratos 9,1, proteínas 0,9

17. Zanahorias glaseadas con arce

Tiempo de preparación: 10 minutos

Tiempo de cocción: 15 minutos

Porciones: 4

Ingredientes:

- 1 libra de zanahorias, cortadas en rodajas
- 1 cucharada de aceite de coco
- 1 cucharada de ghee
- ½ taza de zumo de piña
- 1 cucharadita de jengibre rallado
- ½ cucharada de jarabe de arce
- ½ cucharadita de nuez moscada
- 1 cucharada de perejil picado

Direcciones:

1. Calentar una sartén con el ghee y el aceite a fuego medio-alto, añadir el jengibre, remover y cocinar durante 2 minutos.
2. Añadir las zanahorias, remover y cocinar durante 5 minutos.
3. Añadir el zumo de piña, el sirope de arce y la nuez moscada, remover y cocinar durante 5 minutos más.
4. Añadir el perejil, remover, cocinar durante 3 minutos, repartir en los platos y servir.
5. Que lo disfrutes.

Valor nutricional/porción: calorías 130, grasa 6,8, fibra 3, carbohidratos 17,4, proteínas 1,1

18. Mezcla de zanahorias moradas

Tiempo de preparación: 10 minutos

Tiempo de cocción: 1 hora

Porciones: 5

Ingredientes:

- 6 zanahorias moradas, peladas
- Un chorrito de aceite de oliva
- 2 cucharadas de pasta de semillas de sésamo
- 6 cucharadas de agua
- 3 cucharadas de zumo de limón
- 1 diente de ajo picado
- Una pizca de sal marina
- Pimienta negra al gusto
- Semillas de sésamo blanco para servir

Direcciones:

1. Coloque las zanahorias moradas en una bandeja para hornear forrada, espolvoree una pizca de sal, pimienta negra y un chorrito de aceite, colóquelas en el horno a 350 grados F y hornéelas durante 1 hora.
2. Mientras tanto, en un procesador de alimentos, mezcle la pasta de semillas de sésamo con el agua, el zumo de limón, el ajo, una pizca de sal marina y pimienta negra y pulse bien.
3. Repartir sobre las zanahorias, mezclar suavemente, repartir en los platos y espolvorear las semillas de sésamo por encima.
4. Que lo disfrutes.

Valor nutricional/porción: calorías 100, grasa 4,7, fibra 0,9, carbohidratos 13,6, proteínas 1,2

19. Hojas de mostaza salteadas

Tiempo de preparación: 10 minutos

Tiempo de cocción: 20 minutos

Porciones: 4

Ingredientes

- Ajo - 2 dientes [picado].
- Aceite de oliva - 1 cucharada.
- Hojas de mostaza - 2 ½ libras [picadas].
- Zumo de limón - 1 cucharadita.
- Mantequilla - 1 cucharada.
- Sal y pimienta negra molida al gusto

Dirección:

1. En una cacerola, añada agua y sal. Llevar a fuego lento.
2. Añadir las verduras, tapar y cocinar durante 15 minutos.
3. Escurrir las hojas de mostaza, exprimir el líquido y ponerlas en un bol.
4. Calentar el aceite y la mantequilla en una sartén.
5. Añada las hojas de mostaza, la sal, la pimienta y el ajo.
6. Remover bien y cocinar durante 5 minutos.
7. Añadir más sal y pimienta si es necesario.
8. Rociar con zumo de limón y remover.
9. Repartir en los platos y servir.

Nutrición: Calorías: 385 Grasas: 14,7g Carbohidratos: 6,6g Proteínas: 26,3g

20. Frittata de espárragos

Tiempo de preparación: 10 minutos

Tiempo de cocción: 15 minutos

Porciones: 4

Ingredientes

- Cebolla - ¼ de taza [picada].
- Un chorrito de aceite de oliva
- Espárragos - 1 libra [cortados en trozos de 1 pulgada].
- Sal y pimienta negra molida al gusto
- Huevos - 4 [batidos].
- Queso Cheddar - 1 taza [rallado].

Dirección:

1. Calentar el aceite de oliva en una sartén a fuego medio.
2. Añadir las cebollas y saltearlas durante 3 minutos.
3. Añade los espárragos y saltéalos durante 6 minutos.
4. Añadir los huevos y saltear durante 3 minutos.
5. Añade sal, pimienta y espolvorea el queso.
6. Introducir en el horno y asar durante 3 minutos.
7. Repartir la frittata en los platos y servir.

Nutrición: Calorías: 202 Grasas: 13,3g Carbohidratos: 5,8g Proteínas: 15,1g

PLATO LATERAL

21. Patatas dulces

Tiempo de preparación: 29 minutos

Tiempo de cocción: 15-120 minutos

Porciones: 4

Ingredientes:

- 4 boniatos, lavados y enjuagados
- 1 1/2 tazas de agua
- Coberturas opcionales:
- Revuelto de tofu, aguacate y tomate
- Mantequilla vegana, azúcar de coco, canela
- Rúcula, aceite de oliva, limón, sal marina

Direcciones:

1. Añade agua a la olla instantánea.
2. Colocar la bandeja de cocción al vapor dentro y poner las patatas encima.
3. Cubrir con la tapa y sellar.
4. Cocina a presión durante 18 minutos en modo manual.
5. Cuando termine la cocción, deje que la presión se libere por sí sola (unos 15 minutos).
6. Retira la tapa.
7. Servir inmediatamente con los aderezos deseados. Que lo disfrutes!

Nutrición: Calorías: 140 Cal Grasa: 0,9 g Carbohidratos: 27,1 g Proteína: 6,3 g Fibra: 6,2 g

22. Boniatos al horno con ensalada de maíz

Tiempo de preparación: 15-30 minutos

Tiempo de cocción: 35 minutos

Porciones: 4

Ingredientes:

Para los boniatos al horno:

- 3 cucharadas de aceite de oliva
- 4 batatas medianas, peladas y cortadas en cubos de ½ pulgada
- 2 limas, exprimidas
- Sal y pimienta negra al gusto
- ¼ cucharadita de pimienta de cayena
- 2 cebolletas, cortadas en rodajas finas

Para la ensalada de maíz:

- 1 lata (15 oz) de granos de maíz dulce, escurridos
- ½ cucharada de mantequilla vegetal derretida
- 1 chile verde grande, sin semillas y picado
- 1 cucharadita de comino en polvo

Direcciones:

1. Para los boniatos al horno:
2. Precaliente el horno a 400 F y engrase ligeramente una bandeja para hornear con spray de cocina.
3. En un bol mediano, añadir los boniatos, el zumo de lima, la sal, la pimienta negra y la pimienta de cayena. Mezclar bien y repartir la mezcla en la bandeja del

horno. Hornear hasta que las patatas se ablanden, de 20 a 25 minutos.

4. Retirar del horno, pasar a un plato de servir y decorar con las cebolletas.
5. Para la ensalada de maíz:
6. En un tazón mediano, mezcle los granos de maíz, la mantequilla, el chile verde y el comino en polvo. Sirve los camotes con la ensalada de maíz.

Nutrición: Calorías 372 Grasas 20 7g Carbohidratos 41 7g Proteínas 8. 9g

23. Garbanzos al curry

Tiempo de preparación: 10 minutos

Tiempo de cocción: 30 minutos

Raciones: 2

Ingredientes:

- ½ taza de garbanzos secos enjuagados
- 2 tazas de agua
- 1 cucharada de aceite vegetal
- ½ cucharadita de semillas de comino
- 1 cebolla pequeña finamente picada
- ½ cucharadita de jengibre en polvo
- ½ cucharadita de ajo en polvo
- ½ cucharada de cilantro en polvo
- 1 cucharadita de sal
- ¼ de cucharadita de cúrcuma en polvo
- 1 tomate descorazonado y cortado en dados finos,
- ½ taza de perejil fresco, picado
- 1/4 de cucharadita de garam masala

Direcciones:

1. En un recipiente, combine los garbanzos y 2 tazas de agua tibia y déjelos en remojo durante al menos 4 horas o hasta toda la noche. Escurre los garbanzos y resérvalos.
2. Selecciona el ajuste de salteado alto en la olla instantánea y calienta el aceite vegetal. Añade las semillas de comino directamente al aceite caliente en los bordes inferiores de la olla instantánea y cocina

hasta que empiecen a chisporrotear, aproximadamente 1 minuto. Añade las cebollas picadas y cocina, removiendo de vez en cuando, hasta que estén translúcidas, unos 5 minutos. Añade el jengibre en polvo y el ajo en polvo y saltea hasta que esté aromático, aproximadamente 1 minuto. Añadir el cilantro en polvo, la sal, la cúrcuma en polvo y los garbanzos; verter las 2 tazas de agua y remover bien.

3. Asegure la tapa y ajuste la Liberación de Presión en Sellado. Pulse el botón Cancelar para restablecer el programa de cocción, luego seleccione el ajuste de Cocción a Presión o Manual y establezca el tiempo de cocción para 35 minutos a Alta Presión.

4. Deje que la presión se libere de forma natural; esto llevará de 10 a 20 minutos. Abra la olla y añada los tomates y el garam masala. Selecciona el ajuste de salteado alto y cocina hasta que los tomates se ablanden, unos 5 minutos. Pulse el botón de cancelación para apagar la olla instantánea. Sirve en tazones, espolvorea con el perejil y sirve.

Nutrición: Calorías 202, Grasa total 9. 2g, Grasa saturada 1 4g, Colesterol 0mg, Sodio 1186mg, Carbohidratos totales 27,9g, Fibra dietética 7 8g, Azúcares totales 7,3g, Proteínas 8. 2g

24. Curry fácil de lentejas y verduras

Tiempo de preparación: 10 minutos

Tiempo de cocción: 45 minutos

Raciones: 2

Ingredientes:

- 3 ½ tazas de agua
- ½ cucharada de mantequilla
- ¼ de cucharadita de semillas de comino
- ½ cucharadita de semillas de cilantro
- ¼ de cucharadita de cúrcuma en polvo
- ¼ de cucharadita de pimentón
- ½ cucharadita de garam masala
- ½ cucharadita de ajo en polvo
- ¼ de cucharadita de jengibre en polvo
- ¼ de taza de cebolla, finamente picada
- 2 tazas de verduras picadas de su elección (pimiento rojo, zanahoria, col, brócoli, etc.)
- ¼ de taza de lentejas rojas secas
- 1 1/2 tazas de caldo de verduras
- ½ leche entera
- ¼ de taza de guisantes verdes
- 1 cucharadita de zumo de lima
- ¼ de cucharadita de sal marina
- ¼ de cucharadita de pimienta molida

Direcciones:

1. Selecciona el ajuste de salteado alto en la olla instantánea y calienta la mantequilla. Añade las

semillas de comino directamente a la mantequilla derretida en los bordes inferiores de la olla instantánea y cocina hasta que empiecen a chisporrotear, aproximadamente 1 minuto. Añade la cebolla y cocina, removiendo de vez en cuando, hasta que esté transparente, unos 5 minutos. Añade el jengibre en polvo y el ajo en polvo y saltea hasta que esté aromático, aproximadamente 1 minuto. Añadir las semillas de cilantro, la sal, el pimentón, la cúrcuma en polvo y las verduras y lentejas rojas picadas; verter 1 1/2 tazas de agua y remover bien.

2. Asegure la tapa y ajuste la Liberación de Presión en Sellado. Pulse el botón Cancelar para restablecer el programa de cocción, luego seleccione el ajuste de Cocción a Presión o Manual y fije el tiempo de cocción en 35 minutos a Alta Presión.

3. Deje que la presión se libere de forma natural; esto llevará de 10 a 20 minutos. Abra la olla instantánea y añada los guisantes y la leche garam masala. Selecciona el ajuste de salteado alto y cocina durante 2 minutos. Pulse el botón de cancelación para apagar la olla instantánea. Sirve en tazones, espolvorea con el cilantro y el zumo de lima, y sirve.

Nutrición: Calorías 200, Grasa total 4. 2g, Grasa saturada 2.4g, Colesterol 8mg, Sodio 331mg, Carbohidratos totales 31.3g, Fibra dietética 11.9g, Azúcares totales 5.8g, Proteínas 9. 8g

25. Chili de lentejas con hierbas

Tiempo de preparación: 10 minutos

Tiempo de cocción: 20 minutos

Porciones: 2

Ingredientes:

- 1 cucharada de aceite de coco
- 1 cebolla pequeña picada
- ½ cucharadita de ajo en polvo
- 1 calabacín picado
- 1 puerro picado
- ½ cucharada de pimentón
- ¼ de cucharadita de comino en polvo
- ¼ de cucharadita de cilantro en polvo
- ½ cucharadita de albahaca seca
- ¼ de cucharadita de mostaza seca
- 1 taza de tomates triturados
- ½ taza de lentejas secas
- 1 1/2 tazas de caldo vegetal bajo en sodio
- Sal al gusto
- ¼ de cucharadita de pimienta

Direcciones:

1. Selecciona el ajuste "Saltear" en la olla instantánea. Añade el aceite de coco y deja que se caliente. Añade las cebollas, el ajo en polvo, los calabacines y los puerros. Saltea hasta que las cebollas se ablanden y se doren ligeramente, unos 4 minutos. Añade el pimentón, el comino en polvo, el cilantro en polvo, la albahaca y la

mostaza y remueve bien durante uno o dos minutos. Añadir los tomates, las lentejas, el caldo, la sal al gusto y la pimienta.

2. Seleccione "Cancelar" y cierre la tapa. Gire la palanca de liberación de vapor a la posición "Sellado". Seleccione "Bean/Chili" y ajuste el tiempo a 14 minutos. Pulse "Cancelar" y deje que la olla instantánea libere la presión de forma natural hasta que la válvula de flotador baje y la tapa se desbloquee; alternativamente, pulse "Cancelar" y deje que la olla instantánea libere la presión de forma natural durante 10 minutos; a continuación, gire la válvula de liberación de vapor a "Ventilación" hasta que la válvula de flotador baje y la tapa se desbloquee.

Nutrición: Calorías 296, Calorías de grasa 27, Grasa 3g, Sodio 596mg, Potasio 935mg, Carbohidratos 49g, Fibra 22g, Azúcar 6g, Proteína 18g

RECETAS DE PASTA

26. Fideos asiáticos con verduras

Tiempo de preparación: 10 minutos

Tiempo de cocción: 20 minutos

Porciones: 4

Ingredientes:

- ½ taza de guisantes
- 1 cucharadita de vinagre de arroz
- 3 zanahorias picadas
- 1 paquete pequeño de fideos
- 3 cucharadas de aceite de sésamo
- 1 pimiento rojo picado en cubos pequeños
- 1 lata de maíz tierno
- 1 diente de ajo picado
- 2 cucharadas de salsa de soja
- 1 cucharadita de jengibre en polvo
- ½ cucharadita de curry en polvo
- Sal y pimienta negra, al gusto

Direcciones:

1. Coge un bol y añade jengibre en polvo, vinagre, salsa de soja, curry en polvo y una pizca de sal.
2. Cocer los fideos según las instrucciones y escurrirlos.
3. Calentar el aceite de sésamo y cocinar las verduras en él durante 10 minutos a fuego medio.
4. Añada los fideos y cocine durante 3 minutos más.

5. Retirar del fuego y servir para disfrutar.

Nutrición: Calorías: 329 Grasas totales: 25g Proteínas: 20g Carbohidratos totales: 6g Fibra: 1g Carbohidratos netos: 5g

27. Pasta de 5 ingredientes

Tiempo de preparación: 15 minutos

Tiempo de cocción: 25 minutos

Porciones: 5

Ingredientes:

- 1 (25 oz.) bote de salsa marinara
- Aceite de oliva, según sea necesario
- 1 libra de pasta vegana seca
- 1 libra de verduras variadas, como cebolla roja, calabacín y tomates
- ¼ de taza de humus preparado
- Sal, al gusto

Direcciones:

1. Precaliente el horno a 400 grados F y engrase una bandeja grande para hornear.
2. Colocar las verduras en una sola capa en la bandeja del horno y rociarlas con aceite de oliva y sal.
3. Introducir en el horno y asar las verduras durante unos 15 minutos.
4. Hervir agua con sal en una olla grande y cocer la pasta según las instrucciones del paquete.
5. Escurrir el agua cuando la pasta esté tierna y poner la pasta en un colador.
6. Mezclar la salsa marinara y el hummus en una olla grande para hacer una salsa cremosa.
7. Añada las verduras cocidas y la pasta a la salsa y remuévala bien.

8. Colóquelo en una fuente y sírvalo caliente.

Nutrición: Calorías: 415 Grasas totales: 29g Proteínas: 33g Carbohidratos totales: 5,5g Fibra: 2g Carbohidratos netos: 3,5g

28. Pasta al pesto de espinacas

Tiempo de preparación:05 minutos

Tiempo de cocción: 10 minutos

Raciones: 2

Ingredientes:

- 1 taza de pasta
- 2 tazas de espinacas picadas
- ¼ de taza de aceite de coco
- ½ limón grande
- ¼ de cucharadita de ajo en polvo
- 1/8 de taza de nueces picadas
- ¼ de taza de queso de cabra rallado
- ¼ de cucharadita de sal
- Pimienta recién cortada al gusto
- 2 oz. de mozzarella (opcional)

Direcciones:

1. Añade las espinacas picadas y lavadas a un procesador de alimentos junto con el aceite de coco, 1/4 de taza de zumo del limón, el ajo en polvo, las nueces, el queso de cabra, la sal y la pimienta. Haz un puré con la mezcla hasta que esté suave y de color verde brillante. Añadir más aceite si es necesario para que la mezcla se convierta en una salsa espesa y suave. Pruebe el pesto y ajuste la sal, la pimienta o el zumo de limón a su gusto. Reservar el pesto.

2. Añade la pasta, el agua, el pesto y el aceite de coco en la olla instantánea. Coloca la tapa en la Olla Instantánea y

ciérrala para sellarla. Cocina a alta presión durante 4 minutos. Utilice la liberación rápida de la presión.

3. Añade el queso mozzarella y sirve.

Nutrición: Calorías 534, Grasa total 35. 8g, Grasas saturadas 27 7g, Colesterol 65mg, Sodio 514mg, Carbohidratos totales 39g, Fibra dietética 1,2g, Azúcares totales 0 7g, Proteínas 17. 5g

29. Pasta de calabaza al pimentón

Tiempo de preparación:05 minutos

Tiempo de cocción: 10 minutos

Raciones: 2

Ingredientes:

- ¼ de taza de aceite de coco
- ½ cebolla
- ½ cucharada de mantequilla
- ½ cucharadita de ajo
- ¼ de cucharadita de pimentón
- 1 taza de puré de calabaza
- 1,5 tazas de caldo de verduras
- ¼ de cucharadita de sal
- Pimienta recién cortada
- 1 taza de pasta
- 1/8 de taza de crema de coco
- 1/4 de taza de queso mozzarella rallado

Direcciones:

1. Añade el aceite de coco a la olla instantánea, pulsa "Saltear", añade la mantequilla y la cebolla hasta que esté blanda y transparente. Añade el ajo y el pimentón a la cebolla y saltea durante un minuto más. Por último, añade el puré de calabaza, el caldo de verduras, la sal y la pimienta a la olla instantánea y remueve hasta que los ingredientes estén combinados y suaves.

2. Añade la pasta, luego coloca una tapa en la Olla Instantánea y ciérrala para sellarla. Cocine a alta

presión durante 4 minutos. Utiliza la Liberación Rápida de la Presión.

3. Añadir la crema de coco y el queso mozzarella.

Nutrición: Calorías 327, Grasa total 8. 9g, Grasa saturada 4. 4g, Colesterol 67mg. Sodio 931mg, Carbohidratos totales 49g, Fibra dietética 4,7g, Azúcares totales 5 7g, Proteínas 13. 5g

30. Pasta cremosa de setas y hierbas

Tiempo de preparación:05 minutos

Tiempo de cocción: 10 minutos

Raciones: 2

Ingredientes:

- ¼ de taza de aceite de coco
- ½ taza de champiñones
- ½ cucharadita de ajo en polvo
- 1 1/2 cucharada de mantequilla
- 1 1/2 cucharada de harina de coco
- 1 taza de caldo de verduras
- 1 ramita de tomillo fresco
- ½ cucharadita de albahaca
- Sal y pimienta al gusto

Direcciones:

1. Añade el aceite de coco a la olla instantánea, pulsa "Saltear", añade la mantequilla, cuando la mantequilla se derrita añade el ajo en polvo, añade los champiñones cortados en rodajas y sigue cocinando hasta que los champiñones se hayan vuelto de color marrón oscuro y se haya evaporado toda la humedad que sueltan.

2. Añade la harina, bate el caldo de verduras en la olla instantánea con la harina y las setas. Añade el tomillo, la albahaca y un poco de pimienta recién molida.

3. A continuación, añada la pasta, coloque la tapa en la olla y ciérrela para sellarla. Cocine a alta presión

durante 4 minutos. Utilice la liberación rápida de la presión.

4. Servir y disfrutar.

Nutrición: Calorías 107, Grasa total 7. 5g, Grasa saturada 4 8g, Colesterol 15mg, Sodio 439mg, Carbohidratos totales 5. 7g, Fibra dietética 2,8g, Azúcares totales 1 3g, Proteínas 4. 2g

31. Hamburguesas de coliflor y patatas

Tiempo de preparación: 15 minutos

Tiempo de cocción: 7 minutos

Raciones: 2

Ingredientes:

- 7 oz de arroz de coliflor
- 1/4 de taza de puré de patatas
- 1 cucharada de harina de almendra
- 1 cucharadita de sal
- 1 cucharadita de pimienta blanca
- 1 cucharada de yogur de coco
- 1 cucharada de pan rallado
- 1/2 taza de agua, para cocinar

Direcciones:

1. En el bol de la batidora, combinar el arroz de coliflor y el puré de patatas.
2. Añade la harina de almendra, la sal, la pimienta blanca y el yogur de coco.
3. A continuación, ponte guantes y haz hamburguesas de tamaño medio con la mezcla.
4. Espolvorear cada hamburguesa con pan rallado y envolverla en el papel de aluminio.
5. Vierta agua en el recipiente de la olla instantánea e introduzca la rejilla para cocinar al vapor.

6. Coloque las hamburguesas envueltas en la rejilla de la vaporera y cierre la tapa.

7. Cocine la comida a fuego alto (modo manual) durante 7 minutos. A continuación, deje que se libere la presión de forma natural durante 10 minutos.

Nutrición: Calorías: 163, Grasa: 9, Fibra: 4,8, Carbohidratos: 17, Proteína: 6,6

32. Hamburguesas de boniato

Tiempo de preparación: 10 minutos

Tiempo de cocción: 20 minutos

Raciones: 2

Ingredientes:

- 1 batata
- 1/2 cebolla picada
- 1 cucharadita de cebollino
- 1/2 cucharadita de sal
- 1 cucharadita de pimienta de cayena
- 3 cucharadas de harina de lino
- 1/2 taza de col rizada
- 1 cucharadita de aceite de oliva
- 1/2 taza de agua, para cocinar

Direcciones:

1. Vierta agua en la olla instantánea e introduzca la rejilla para cocinar al vapor.
2. Colocar el boniato en la rejilla de la vaporera y cerrar la tapa.
3. Cocine las verduras en modo manual (alta presión) durante 15 minutos (liberación rápida de la presión).
4. Mientras tanto, coloque la cebolla, el cebollino y la col rizada en la licuadora. Licuar hasta que esté suave.
5. Transfiera la mezcla al bol de la batidora.
6. Cuando el boniato esté cocido, córtalo por la mitad y vierte toda la pulpa en la mezcla de col rizada. Mézclalo con cuidado con la ayuda del tenedor.

7. Añadir la harina de lino, la sal y la pimienta de cayena. Remover bien.
8. Con la ayuda de los dedos hacer hamburguesas medianas.
9. Limpia el bol de la olla instantánea y pon aceite de oliva dentro.
10. Precalentar durante 2-3 minutos en el modo de salteado.
11. A continuación, añada las hamburguesas y cocínelas durante 2 minutos por cada lado en el modo de salteado.

Nutrición: Calorías: 139, Grasa: 6,4, Fibra: 6, Carbohidratos: 19,7, Proteína: 4,3

33. Hamburguesas de patata

Tiempo de preparación: 10 minutos

Tiempo de cocción: 15 minutos

Porciones: 4

Ingredientes:

- 3 patatas russet peladas
- 3 cucharadas de aquafaba
- 1/2 cucharadita de sal
- 1 cucharadita de mantequilla de almendras
- 1/2 cucharadita de pimentón ahumado
- 1/4 de cucharadita de copos de chile
- 2 cucharadas de harina de trigo

Direcciones:

1. Con la ayuda de la batidora de mano, batir el aquafaba hasta obtener picos suaves.
2. A continuación, se rallan las patatas y se combinan con el aquafaba en el bol de la batidora.
3. Agregue la sal, el pimentón ahumado, las hojuelas de chile y la harina de trigo. Mezclar con cuidado.
4. Precalienta la olla instantánea en el modo de salteado durante 4 minutos. Añade la mantequilla de almendras y derrítela.
5. A continuación, con la ayuda de la cuchara se hacen hamburguesas medianas; se presionan un poco con la ayuda de las palmas de las manos y se introducen en la mantequilla de almendras caliente.

6. Cocinar las hamburguesas durante 3 minutos y luego darles la vuelta por otro lado. Cocine las hamburguesas durante 4 minutos más.

Nutrición: Calorías: 150, Grasa: 2,5, Fibra: 4,4, Carbohidratos: 29, Proteína: 4

34. Hamburguesas de lentejas

Tiempo de preparación: 20 minutos

Tiempo de cocción: 26 minutos

Porciones: 7

Ingredientes:

- 1 taza de lentejas, puestas en remojo la noche anterior
- 1 taza de agua
- 1/2 zanahoria pelada
- 1 cucharadita de pimienta de cayena
- 4 cucharadas de harina de trigo
- 1 cucharadita de sal
- 1 cucharadita de aceite de oliva
- 1 cucharada de eneldo seco

Direcciones:

1. Poner las lentejas en la olla instantánea junto con el agua, la zanahoria, la sal y la pimienta de cayena.
2. Cierre la tapa y ajuste el modo manual (alta presión).
3. Cocine los ingredientes durante 25 minutos y deje que la presión natural se libere durante 10 minutos.
4. Pasar los ingredientes cocidos a la batidora y batirlos hasta que queden homogéneos.
5. Añadir la harina de trigo y el eneldo seco. Mezclar hasta que esté suave. Si la mezcla es líquida - añadir más harina.
6. Haz las hamburguesas y colócalas junto con el aceite de oliva en la olla instantánea.

7. Poner el modo manual (alta presión) durante 1 minuto (liberación rápida de la presión).
8. Se recomienda servir las hamburguesas calientes.

Nutrición: Calorías 122, Grasa 1,1, Fibra 8,7, Carbohidratos 20,7, Proteínas 7,7

35. Deliciosas patatas al horno

Tiempo de preparación: 15-30 minutos

Tiempo de cocción: 8 horas y 10 minutos

Porciones: 8

Ingredientes:

- 8 patatas
- Sal al gusto para servir
- Pimienta negra molida al gusto para servir

Direcciones:

1. Enjuagar las patatas hasta que estén limpias, secarlas y pincharlas con un tenedor.
2. Envuelve cada patata en papel de aluminio y colócala en una olla de cocción lenta de 6 a 8 cuartos.
3. Cubra con una tapa y, a continuación, enchufe la olla de cocción lenta y déjela cocer a fuego lento durante 8 horas o hasta que esté tierna.
4. Cuando termine el tiempo de cocción, desenvolver las patatas y pincharlas con un tenedor para comprobar si están tiernas o no.
5. Espolvorea las patatas con sal, pimienta negra y tu condimento favorito y sirve.

Nutrición: Calorías:93 Cal, Carbohidratos:3g, Proteínas:3g, Grasas:1g, Fibra:2g.

36. Estofado de calabaza

Tiempo de preparación: 10 minutos

Tiempo de cocción: 15 minutos

Raciones: 2

Ingredientes:

- 1 taza de caldo de verduras
- 1 1/2 tazas de calabaza cortada en cubos pequeños
- 1 taza de alubias rojas cocidas, enjuagadas y escurridas
- 1 taza de cebolla picada
- ½ taza de guisantes verdes
- 1 cucharadita de ajo en polvo
- ½ taza de tomates picados
- 1 cucharadita de chile rojo
- ¼ de cucharadita de comino molido

Direcciones:

1. Coloque todos los ingredientes en la olla interior. Cubra con una tapa, gire la tapa en el sentido de las agujas del reloj para bloquearla en su sitio. Alinee el extremo puntiagudo del mango de liberación de vapor para que apunte a "Sellado". Pulse "Manual", utilice el botón [-] para ajustar el tiempo de cocción a 5 minutos.

2. Cuando el tiempo de cocción se haya completado, pulse "Keep Warm/Cancel" una vez para cancelar el

modo de mantenimiento del calor y luego espere 10 minutos para que la presión baje.

3. Deslice la palanca de liberación de vapor a la posición de "Vaciado" para liberar la presión restante hasta que la válvula de flotador baje.

4. Retire la tapa. Deje que se enfríe durante 10 minutos antes de servir. Disfrute.

Nutrición: Calorías245, Grasa total 2,4g, Grasa saturada 0,4g, Colesterol 0mg, Sodio 805mg, Carbohidratos totales 43,2g, Fibra dietética 13 6g, Azúcares totales 11 4g, Proteínas 14. 5g

37. Estofado de coliflor y judías

Tiempo de preparación: 10 minutos

Tiempo de cocción: 10 minutos

Raciones: 2

Ingredientes:

- 1 taza de coliflor cortada en trozos de 1 pulgada
- 1 taza de garbanzos enjuagados y escurridos
- 1 taza de frijoles negros, enjuagados y escurridos
- ½ taza de tomates triturados, preferiblemente asados al fuego
- 1 cebolla pequeña picada
- ¼ de taza de caldo de verduras
- 1 zumo de naranja
- 1 chile chipotle enlatado en salsa de adobo picado
- 1 cucharadita de sal
- 1 cucharadita de comino molido
- 1 hoja de laurel
- Ramitas de cilantro fresco

Direcciones:

1. Combina la coliflor, el garbanzo, los frijoles negros, los tomates, las cebollas, el caldo, el jugo de naranja, la pimienta chipotle, la sal, el comino y la hoja de laurel en la olla instantánea; mezcla bien.

2. Asegure la tapa y mueva la válvula de liberación de presión a la posición de sellado. Pulse Manual o Cocinar a presión; cocine a alta presión durante 6 minutos.

3. Una vez finalizada la cocción, utilice la función de liberación natural durante 5 minutos y, a continuación, libere la presión restante.

4. Pulsar Saltear; cocinar de 3 a 5 minutos o hasta que el guiso se espese ligeramente, removiendo con frecuencia. Retire y deseche la hoja de laurel. Adorne con el cilantro.

Nutrición: Calorías 614, Grasa total 4. 6g, Grasa saturada 0 9g, Colesterol 0mg, Sodio 1816mg, Carbohidratos totales 115.3g, Fibra dietética 24 8g, Azúcares totales 12g, Proteínas 32. 9g

38. Sopa de col

Tiempo de preparación: 10 minutos

Tiempo de cocción: 20 minutos

Porciones: 2

Ingredientes:

- 1 cabeza de col
- ½ cucharada de albahaca seca
- 2 oz de queso Cheddar en trozos
- ½ cucharada de crema de coco
- ½ cucharadita de ajo en polvo
- Sal al gusto

Direcciones:

1. Añade todos los ingredientes a la jarra de la batidora y cierra la tapa.
2. Seleccione el ajuste "Sopa" para 20:00 minutos.
3. Adorne con queso cheddar rallado y sirva.

Nutrición: Calorías 213, Grasa total 10. 5g, Grasas saturadas 6,8g, Colesterol 29mg, Sodio 316mg, Carbohidratos totales 21,8g, Fibra dietética 9 1g, Azúcares totales 11,9g, Proteínas 11. 8g

39. Guiso de verduras

Tiempo de preparación: 15 minutos

Tiempo de cocción: 20 minutos

Raciones: 2

Ingredientes:

- 1 cebolla pequeña, picada
- 1 cucharadita de ajo en polvo
- 1 puerro picado
- ½ calabacín picado
- 1/4 de taza de caldo de verduras
- 2 oz. de champiñones, cortados en rodajas
- 1 cucharadita de albahaca seca
- ½ cucharadita de condimento italiano
- 1/2 cucharadita de sal
- 1/4 de cucharadita de pimienta molida
- 2 tomates picados
- 1 chirivía mediana, picada
- ½ yum, picado
- ¼ cucharada de vinagre balsámico
- 1 cucharada de almidón de maíz
- ¼ de taza de judías verdes
- Suficiente agua

Direcciones:

1. Añade la cebolla y los champiñones a la olla instantánea. Pulsa el botón de Saltear y saltea hasta que las setas hayan soltado su líquido y hayan reducido su

tamaño, unos 8 minutos. Remueve cada par de minutos.

2. Añadir el ajo en polvo y saltear durante 2 minutos más. Agregue la sal, la albahaca y la pimienta. Remover.

3. Presione Cancelar para detener la función de Salteado. Bloquee la tapa en su lugar.

4. Añade el resto de ingredientes a la olla con el caldo. Pulse Manual y ajuste el tiempo a 10 minutos de cocción a presión.

5. Mientras tanto, añadir el agua y la maicena y hacer una batidora.

6. Cuando haya transcurrido el tiempo, libere rápidamente la presión de la olla instantánea. Retira la tapa de la misma.

7. Añade una mezcla de maicena en la olla y haz una sopa espesa.

8. Transfiera con cuidado la sopa a un bol, sírvala y disfrútela.

Nutrición: Calorías 158, Grasa total 1. 2g, Grasa saturada 0 2g, Colesterol 1mg, Sodio 714mg, Carbohidratos totales 35 1g, Fibra dietética 6,4g, Azúcares totales 11,1g, Proteínas 5. 5g

40. Sopa de coliflor

Tiempo de preparación: 10 minutos

Tiempo de cocción: 5 minutos

Raciones: 2

Ingredientes:

- 5 tazas de caldo de verduras o agua
- 1 cebolla mediana picada
- 1 - 2 tallos de puerro cortados en rodajas finas
- 2 dientes de ajo machacados
- 1 libra de coliflor cortada en trozos grandes
- 1 cucharadita de sal
- 1/2 cucharadita de pimienta
- 1 cucharadita de albahaca fresca
- 1/4 de taza de harina de almendra
- 2/3 de taza de agua
- 1 taza de queso de cabra rallado
- 1/2 taza de leche
- Sal y pimienta al gusto

Direcciones:

1. Añade los 8 primeros ingredientes (incluida la albahaca) a la olla instantánea y cierra la tapa. Asegúrate de que la válvula está ajustada en Sellado y pulsa Olla a Presión (o Manual). Ajusta el tiempo con el botón +/- durante 5 minutos.

2. Mientras se cocina, revuelva la harina y el agua hasta que esté suave. Cuando el IP emita un pitido, cambie la

válvula de Sellado a Ventilación y cuando baje el pin, pulse Cancelar y retire la tapa.

3. Pulse el botón de saltear y vuelva a cocinar, removiendo con frecuencia. Bata la mezcla de harina y agua y añada aproximadamente la mitad a la sopa.

4. Utiliza una batidora de mano para hacer puré la sopa. O utiliza una batidora o un robot de cocina y vuelve a ponerla en la sartén.

5. Pulse Cancelar y añada el queso. Remueva hasta que se derrita. No cocine después de que el queso haya entrado. Añade la leche, la sal y la pimienta a tu gusto. Sirve con una pizca de queso rallado.

Nutrición: Calorías 202, Grasa total 8. 4g, Grasa saturada 4,4g, Colesterol 20mg, Sodio 1345mg, Carbohidratos totales 23,2g, Fibra dietética 7 8g, Azúcares totales 11,3g, Proteínas 12. 6g

RECETAS DE ENSALADA

41. La ensalada de invierno está llegando

Tiempo de preparación: 10 minutos

Tiempo de cocción: 15 minutos

Porción: 4

Ingredientes

- 4 tazas(4.4oz) de espinacas
- 9oz Remolacha precocida
- 2-3 peras
- 9 oz de gorgonzola dulce
- 3.5oz Granos de nuez
- Aceite de oliva virgen extra al gusto
- Sal al gusto
- Vinagre balsámico al gusto

Direcciones

1. Cortar las peras en 4 trozos y quitarles el corazón y la piel. A continuación, corta las peras en trozos y resérvalas;
2. Pasamos a las remolachas precocidas, las cortamos primero por la mitad, luego en rodajas de unos 2,5 cm de grosor y, por último, en trozos;
3. Vierta las espinacas en un bol, añada las peras, las remolachas y las nueces, rompiéndolas con las manos;

4. Al ser tan cremoso, no podrás cortar el gorgonzola en dados, así que ayúdate de una cuchara para romperlo y añadirlo a la ensalada;
5. Condimentar con sal, aceite y vinagre balsámico;
6. Mezcla todo y sirve tu ensalada de invierno;

Trucos y consejos

Se recomienda su consumo inmediato. En lugar de espinacas se puede utilizar lechuga iceberg.

Y en lugar de gorgonzola, puedes añadir queso feta.

Puedes utilizar manzanas en lugar de peras. Además, puedes sustituir el gorgonzola por otro queso según tus preferencias, y utilizar los frutos secos que más te gusten.

Valores nutricionales por ración: Calorías 505; Carbohidratos 17,2g; Azúcares 15g; Proteínas 19g; Grasas 40g; Grasas saturadas 10,62g; Fibras 8g; Colesterol 42mg

42. Ensalada de calabacín con menta

Tiempo de preparación: 15 minutos

Tiempo de cocción: 25 minutos

Porción: 4

Ingredientes

- 5 Calabacines
- 3 hojas de albahaca
- 3 hojas de menta
- 1 cucharada de sal gruesa
- Aceite de oliva virgen extra al gusto
- Pimienta negra al gusto
- Sal al gusto

Direcciones

1. En primer lugar, lava los calabacines. A continuación, pélalos, retira los 2 extremos y córtalos por la mitad.
2. Volver a cortar los calabacines a lo largo;
3. Llene una cacerola grande con agua y llévela a ebullición. A continuación, vierta los calabacines;
4. Añadir un poco de sal gruesa y cocinar durante 10 minutos;
5. Cuando hayan pasado los 10 minutos, escurrir los calabacines y dejarlos enfriar;
6. Pasarlas a un recipiente, rociarlas con aceite de oliva virgen extra y añadir un poco de sal y pimienta al gusto;
7. Añadir las hojas de albahaca y las hojas de menta picadas;

8. Por último, mezcle todo y su ensalada de calabacín y menta estará lista para ser disfrutada.

Trucos y consejos

Para un sabor más fuerte puede añadir una gota de vinagre balsámico.

Para darle un toque crujiente, puedes añadir algunas almendras tostadas picadas.

Esta ensalada se puede servir caliente o fría. Guárdela en la nevera durante 2 días como máximo.

No recomiendo la congelación.

Valores nutricionales por ración: Calorías 104; Carbohidratos 2,9g; Azúcares 2,5g; Proteínas 2,5g; Grasas 9,2g; Grasas saturadas 8,4g; Fibra 2,5g;

43. Ensalada de brócoli y coliflor

Tiempo de preparación: 15 minutos

Tiempo de cocción: 25 minutos

Porción: 3

Ingredientes

Para la ensalada:

- 1 Coliflor
- 1 tallo de brócoli
- 1 cucharada de piñones
- 1 cucharada de pasas

Para el aderezo:

- 6 cucharadas de aceite de oliva virgen extra
- 1 cucharada de mostaza de Dijon
- Nuez moscada al gusto
- Sal al gusto
- Pimienta negra al gusto
- 3 mechones de perejil
- 4 cucharadas de zumo de limón

Direcciones

1. Limpiar y cortar el brócoli y la coliflor en pequeños mechones. Hervir los trozos de brócoli y coliflor en agua con sal en ollas separadas (tienen tiempos de cocción diferentes) hasta que estén tiernos pero todavía un poco crujientes. Mientras tanto, remoja una cucharada de pasas en zumo de limón;

2. Después de escurrirlo, ponga el brócoli en un recipiente con hielo para que se enfríe inmediatamente y mantenga su consistencia crujiente y su color verde brillante. Cuando esté frío, vuelva a escurrirlo;

3. Coge el tallo de la coliflor, corta dos trozos y hiérvelos junto con los mechones de perejil que has lavado y cortado en trozos pequeños. Cuando los tallos estén tiernos, escúrrelos y tritúralos en una batidora añadiendo un poco de su agua de cocción hasta obtener una crema espesa y aterciopelada;

4. En el vaso de la batidora (o de la batidora), verter el aceite, el zumo de limón, la crema de coliflor y los mechones de perejil, la mostaza y la nuez moscada rallada y batir. Por último, sazone con sal y pimienta. Esto formará el aliño;

5. Tostar los piñones en una sartén hasta que adquieran un bonito color cobrizo;

6. Poner la coliflor y el brócoli en un plato y verter una cucharada de aliño sobre las verduras. Por último, espolvorear los piñones y las pasas, completando la ensalada con más nuez moscada rallada y pimienta negra.

Valores nutricionales por ración: Calorías 172; Carbohidratos 7g; Azúcares 5,6g; Proteínas 4,4g; Grasas 14g; Grasas saturadas 2,3g; Fibra 3,5g

44. Ensalada de aguacate

Tiempo de preparación: 20 minutos

Tiempo de cocción: 15 minutos

Porción: 4

Ingredientes

Ingredientes de la ensalada

- 3 tazas de rúcula
- 1 aguacate maduro
- 7oz Tomates cherry
- 8 cucharaditas de semillas de calabaza
- 4 ½ cucharadas de aceitunas
- 1 pepino

Para sazonar:

- Zumo de 1 limón
- 2 chiles frescos
- 3 cucharadas de aceite de oliva virgen extra
- Sal al gusto

Direcciones

1. Escurrir las aceitunas de su aceite;
2. Empieza a preparar el condimento: coge las guindillas frescas, quítales el rabito y córtalas para eliminar las semillas internas, luego, córtalas en rodajas finas (recuerda lavarte muy bien las manos después de limpiarlas y cortarlas, para evitar el riesgo de irritación); exprime el zumo de 1 limón, luego cuélalo y viértelo en un tarro; añade una pizca de sal, las

guindillas frescas y el aceite de oliva virgen extra. Agita el tarro y tu condimento estará listo;

3. Lavar y secar los tomates cherry y la rúcula, luego dividir los tomates cherry por la mitad; cortar el aguacate por la mitad, extraer la pulpa y cortarlo en cubos;

4. Ahora, vierte el condimento, las aceitunas, el pepino cortado y el aguacate en un bol y mézclalo bien. Añade los tomates cherry y la rúcula y, para terminar con una nota crujiente, espolvorea las semillas de calabaza;

5. Mezcla bien y tu ensalada de aguacate está lista para ser disfrutada.

Trucos y consejos

Puedes omitir los tomates cherry y las aceitunas y añadir melón en su lugar.

Se recomienda su consumo inmediato.

No se recomienda la congelación.

Valores nutricionales por ración: Calorías 262; Carbohidratos 4g; Azúcares 2,5g; Proteínas 4,5g; Grasas 25g; Grasas saturadas 3,27g; Fibra 3,2g

45. Ensalada de rúcula con peras, grana y nueces

Tiempo de preparación: 12 minutos

Tiempo de cocción: 10 minutos

Porción: 4

Ingredientes

- 4 tazas de rúcula
- 2 Peras Williams
- 3,5oz de Grana Padano
- 1.7oz Granos de nuez
- Aceite de oliva virgen extra al gusto
- Sal fina al gusto
- Vinagre balsámico al gusto

Direcciones

1. Empieza por lavar la rúcula y secarla con un paño. Colócalo en un bol;
2. Lavar y pelar las peras, quitarles el corazón y cortarlas en gajos muy finos, añadirlas a la rúcula y mezclarlas suavemente para no romper los gajos de pera;
3. Pica las nueces (puedes hacerlo con un cuchillo o rompiéndolas a mano) y añádelas a la ensalada;
4. Con un rallador, rallar los copos de Grana Padano y añadirlos también. Remover de nuevo y sazonar con sal, aceite y vinagre. Remover por última vez.

La ensalada está lista para ser servida.

Trucos y consejos

Puedes probar la achicoria en lugar de la rúcula.

Para un sabor más intenso, recomiendo añadir gorgonzola.

Te sugiero que aliñes y consumas la ensalada en cuanto esté lista.

Valores nutricionales por ración: Calorías 259; Carbohidratos 7,3g; Azúcares 6,4g; Proteínas 11,5g; Grasas 20,4g; Grasas saturadas 5,90g; Fibra 2,7g; Colesterol 24mg

RECETAS DE POSTRES

46. Tarta de chocolate sencilla

Tiempo de preparación: 10 minutos

Tiempo de cocción: 14 minutos

Sirve: 8

Ingredientes:

- 3 huevos
- 1 1/2 cucharadita de vainilla
- 1/3 de taza de eritritol
- 1/3 de taza de leche de almendras
- 2 1/4 cucharaditas de levadura en polvo
- 1/4 de taza de cacao en polvo sin azúcar
- 1 1/2 tazas de harina de almendra
- Una pizca de sal

Direcciones:

1. Precaliente el horno a 350 F.
2. Engrasar un molde de 8 pulgadas y reservar.
3. Añada todos los ingredientes en el bol de la batidora y mézclelos hasta que estén bien combinados.
4. Verter la masa en el molde preparado y hornear durante 14 minutos.
5. Deje que el pastel se enfríe completamente.
6. Cortar y servir.

Valor nutricional (cantidad por ración): Calorías 191 Grasas 15,7 g Carbohidratos 6,7 g Azúcar 1,4 g Proteínas 2,8 g Colesterol 61 mg

47. Tarta de migas de calabaza perfecta

Tiempo de preparación: 10 minutos

Tiempo de cocción: 40 minutos

Servir: 16

Ingredientes:

- 2 huevos
- 1/2 cucharadita de vainilla
- 1/4 de taza de mantequilla derretida
- 1/2 taza de puré de calabaza
- 3/4 de cucharadita de especia de pastel de calabaza
- 2 cucharaditas de polvo de hornear
- 1/4 de taza de proteína de suero de leche en polvo
- 1/3 de taza de harina de coco
- 1/2 taza de Swerve
- 1 taza de harina de almendra
- Una pizca de sal

Para la cobertura:

- 1 taza de harina de almendra
- 1/2 taza de mantequilla derretida
- 1/2 cucharadita de especia de pastel de calabaza
- 1/2 taza de Swerve
- 1/4 de taza de harina de coco
- Una pizca de sal

Direcciones:

1. Precaliente el horno a 325 F.
2. Engrasar un molde de 9*9 pulgadas y reservar.

3. Añadir todos los ingredientes de la cobertura en el bol mediano y mezclar hasta que estén bien combinados y reservar.

4. En un tazón grande, mezcle la harina de almendras, la especia de pastel de calabaza, el polvo para hornear, la proteína en polvo, la harina de coco, el edulcorante y la sal.

5. Incorporar los huevos, la vainilla, la mantequilla y el puré de calabaza hasta que estén bien combinados.

6. Vierta la masa en el molde preparado y extiéndala bien. Espolvorear la mezcla de cobertura de manera uniforme sobre la masa del pastel.

7. Hornear el pastel durante 35-40 minutos.

8. Deje que el pastel se enfríe completamente.

9. Cortar y servir.

Valor nutricional (cantidad por ración): Calorías 202 Grasas 17,3 g Hidratos de carbono 6,5 g Azúcar 1 g Proteínas 2,5 g Colesterol 46 mg

48. Tarta de zanahoria con glaseado

Tiempo de preparación: 10 minutos

Tiempo de cocción: 25 minutos

Sirve: 12

Ingredientes:

- 4 huevos
- 1/2 taza de zanahoria rallada
- 1/4 cucharadita de pimienta de Jamaica molida
- 1 1/2 cucharadita de canela molida
- 1 cucharada de polvo de hornear
- 2 cucharadas de harina de coco
- 1 1/2 tazas de harina de almendra
- 1 cucharadita de vainilla
- 2 cucharadas de leche de almendras
- 5 cucharadas de mantequilla ablandada
- 1/2 taza de eritritol

Para el glaseado:

- 4 oz de queso crema, ablandado
- 1/4 de taza de eritritol
- 1 cucharada de crema de leche
- 1 cucharadita de vainilla
- 2 cucharadas de mantequilla ablandada

Direcciones:

1. Precaliente el horno a 350 F.
2. Engrasar un molde de 9 pulgadas y reservar.

3. En un bol grande, batir la mantequilla y el edulcorante hasta que quede esponjoso. Añadir los huevos y batir bien.

4. Añadir la vainilla y la leche de almendras y remover bien.

5. Añade las especias, la levadura en polvo, la harina de coco y la harina de almendras y bate hasta que se combinen.

6. Añadir la zanahoria rallada y mezclar bien.

7. Verter la masa en el molde preparado y hornear durante 20-25 minutos.

8. Una vez hecho, sacar del horno y reservar para que se enfríe completamente.

9. Para el glaseado: En un tazón mediano, bata el queso crema y la mantequilla hasta que esté suave. Añadir la vainilla y el edulcorante y batir bien.

10. Añadir la nata líquida y remover bien.

11. Una vez que la tarta esté fría, extiende el glaseado por encima.

12. Cortar y servir.

Valor nutricional (cantidad por ración): Calorías 224 Grasas 20,2 g Carbohidratos 5,1 g Azúcar 1,1 g Proteínas 2,9 g Colesterol 85 mg

49. Sabrosas galletas de limón

Tiempo de preparación: 10 minutos

Tiempo de cocción: 10 minutos

Servir: 15

Ingredientes:

- 1 clara de huevo
- 1 cáscara de limón
- 3 tazas de harina de almendra
- 1 cucharadita de extracto de limón
- 1 cucharadita de vainilla
- 2 cucharadas de queso crema, ablandado
- 1/2 taza de Swerve
- 1/4 de taza de mantequilla, ablandada
- Una pizca de sal

Direcciones:

1. Precaliente el horno a 350 F.
2. Forrar la bandeja de horno con papel pergamino y reservar.
3. En un bol, añadir la mantequilla, la clara de huevo y el edulcorante y batir durante 1 minuto.
4. Añadir la vainilla, el extracto de limón y el queso crema y mezclar bien.
5. Añadir la harina de almendra, la ralladura de limón y la sal y mezclar hasta que se forme la masa. Cubrir la masa y meterla en el frigorífico durante 10 minutos.
6. Hacer pequeñas bolas con la masa y colocarlas en una bandeja de horno preparada y aplastarlas ligeramente.

7. Hornear las galletas durante 8-10 minutos.

8. Deja que las galletas se enfríen completamente y luego sírvelas.

Valor nutricional (cantidad por ración): Calorías 169 Grasas 14,2 g Carbohidratos 5,1 g Azúcar 0,1 g Proteínas 5,2 g Colesterol 10 mg

50. Galletas de queso crema con limón

Tiempo de preparación: 10 minutos

Tiempo de cocción: 12 minutos

Servir: 15

Ingredientes:

- 2 huevos
- 2 cucharaditas de emulsión de limón
- 1 cucharada de cáscara de psilio
- 1 taza de harina de almendra
- 1 cucharadita de stevia líquida
- 1/2 taza de eritritol
- 3 cucharadas de crema agria
- 1/2 taza de mantequilla
- 3 oz de queso crema

Direcciones:

1. Precalentar el horno a 400 F.
2. Forrar la bandeja de horno con papel pergamino y reservar.
3. En un tazón, bata la mantequilla, el queso crema y la crema agria hasta que esté suave.
4. Añadir los huevos, la emulsión de limón y los edulcorantes y mezclar hasta que estén bien combinados.
5. En un bol aparte, añadir todos los ingredientes secos y mezclar bien.

6. Añadir la mezcla de ingredientes secos a los ingredientes húmedos y mezclar hasta que se combinen.
7. Deje caer una cucharada de la mezcla de galletas en la bandeja para hornear preparada.
8. Hornear las galletas durante 10-12 minutos.
9. Deja que las galletas se enfríen completamente y luego sírvelas.

Valor nutricional (cantidad por ración): Calorías 138 Grasas 12,8 g Hidratos de carbono 4,2 g Azúcar 0,1 g Proteínas 2,9 g Colesterol 45 mg

CONCLUSIÓN

Hemos visto cómo la ceto vegetariana puede ser una gran manera de perder peso, y ahora es el momento de la conclusión de nuestro libro. En pocas palabras, este libro de cocina ha demostrado que ser vegetariano no significa que tengas que eliminar todos los deliciosos alimentos ricos en grasas. Si te tomas el tiempo necesario para planificar tus comidas y vigilar las proporciones de los alimentos, te resultará sorprendentemente fácil mantenerte en cetosis y al mismo tiempo comer alimentos deliciosos. Sólo tendrá que tener cuidado con algunas de las trampas más comunes, como los productos de soja y el alcohol.

Si has estado prestando atención a tu cuerpo y a sus cambios, ahora deberías tener una idea bastante buena de si la ceto vegetariana te está funcionando o no. Si no te sientes mejor, entonces es el momento de considerar hacer algunos cambios. En primer lugar, pruebe un conjunto diferente de macros de ceto. Si su reducción de peso ha disminuido y todavía se siente débil o cansado...

Entonces probablemente sea el momento de reconsiderar la posibilidad de hacerse vegetariano.

Es vital darse cuenta de que los vegetarianos tienen una gran variedad de formas y tamaños. Por ejemplo, los pescatarianos comen pescado pero no otra carne, y los lacto-ovo vegetarianos comen productos lácteos y huevos pero no carne animal. Si eres vegano o no quieres consumir productos animales por cualquier otra razón, puede que sea preferible que te ciñas al vegetarianismo en este libro de cocina.

Sin embargo, si puedes tolerar los lácteos y los huevos, entonces una dieta ceto vegetariana es teóricamente posible. Sólo que la mayoría de los alimentos considerados en este libro de cocina no son veganos por defecto (o incluso aptos para vegetarianos), por lo que tendrás que enfrentarte al reto de hacer sustituciones. En cualquier caso, sigue siendo posible cocinar sin productos animales.

Hay muchas recetas deliciosas en este libro de cocina, y algunas de ellas ni siquiera se limitan a ser vegetarianas. Si te gusta el pollo, la ternera o el pescado, lo más probable es que completen tu dieta cetogénica tanto como estos platos. Además, este no es un libro de cocina para personas con una dieta vegetariana estricta, y las recetas son más adecuadas para aquellos que no comen ningún producto animal. Sin embargo, si estás interesado en probar una dieta cetogénica, puede valer la pena echarle un vistazo.

Además, hay muchas otras dietas que funcionan bien para las personas que no quieren carne en su dieta. La clave es encontrar una que funcione para ti y tu estilo de vida, y luego trabajar en el ajuste de la dieta una vez que la consigas para que sea lo más saludable posible. Muchas personas descubren que una vez que se deshacen de la carne en su dieta, se sienten con más energía, menos hinchados y pueden pensar con más claridad. Esto puede conducir a un nuevo camino de salud y felicidad.

Esperamos que este libro de cocina vegetariana keto le haya dado algunas ideas nuevas sobre cómo puede mantenerse keto y al mismo tiempo disfrutar de una deliciosa comida vegetariana. Que disfrutes cocinando y comiendo!

Lightning Source UK Ltd.
Milton Keynes UK
UKHW020632020821
388172UK00010B/771